¿Eres un REPTIL?

por THOMAS KINGSLEY TROUPE

amicus LEARNING

ilustrado por MARTINA ROTONDO

Allison era un caimán. El lunes pasado, escuchó una palabra interesante.

"Puede que haya reptiles cerca, niños", dijo Marty el ratón.

"¿Qué es un reptil?", preguntó Allison.

"¡Lo sabía!", Marty gritó. "¡Sálvese quien pueda!". Los ratones chillaron y salieron corriendo.

Allison no sabía lo que Marty sabía.
Pero SÍ quería saber qué era un reptil.

Allison se metió en el río para buscar reptiles.
Allison le preguntó a Belinda el bajo.

"¿Un reptil?", dijo Belinda.
"Oh, no, dentuda. Tengo branquias. Los reptiles tienen pulmones".

"¿Qué hacen los pulmones?", preguntó Allison.

"Ayudan a los reptiles a respirar oxígeno",
explicó Belinda. "Todos los reptiles
tienen al menos un pulmón".

Allison hizo una nota sobre los pulmones.

Allison encontró a Preston el cerdo.

Preston gruñó. "No, señora", dijo. "Soy de sangre caliente. Los reptiles son de sangre fría. No pueden mantener su temperatura corporal igual que yo".

"Eso no es bueno", respondió Allison.

"Cierto", coincidió Preston. "¡Si la temperatura es demasiado fría o demasiado caliente, es un problema para ellos!".

Allison escribió sangre fría en su cuaderno.

Allison vio al gallo Rusty.

"¿Eres un reptil?", Allison preguntó.
"¡No lo soy!", cacareó Rusty. "¿Qué te
pasa? Los reptiles tienen cola!".
"¿Tú no?", preguntó Allison.
"Bueno, yo sí", dijo Rusty. "Pero mi
cola tiene plumas. Las colas de los
reptiles no las tienen!".

Allison tomó notas sobre las colas
sin plumas.

Allison vio a Winona el gusano.

"¿Es una broma?", Winona respondió.
"No soy un reptil. No soy un vertebrado".

10

"¿Un vertebrado? ¿Qué significa eso?",
preguntó Allison.

"No tengo columna vertebral,
ni siquiera esqueleto", dijo Winona.
"¡Pero todos los reptiles la tienen!".

Allison escribió algunos datos sobre vertebrados.

Allison descubrió a Scotty la mofeta.

"¿Yo? ¿Un reptil?", contestó Scotty.
"No, la mayoría de los reptiles
nacen de los huevos. Yo nací vivo".

"¿Cómo se abren los huevos?", preguntó Allison.

"Se mantienen calientes y secos hasta que están listos para abrirse", explicó Scotty. "Entonces, salen pequeños reptiles".

Allison añadió huevos a su lista.

Allison alcanzó a Nadia la tritón.

"No del todo, Scratchy", contestó Nadia.
"Mi bonita piel está húmeda y suave".

"¿No es así la piel de reptil?", preguntó Allison.

"Oh, no", dijo Nadia. "Casi todos los reptiles tienen la piel áspera y escamosa".

Allison garabateó piel áspera y escamosa en su cuaderno.

Allison conoció a Rashida la coneja.

"¿Eres un reptil?", Allison preguntó.
"¿Quién yo? ¿Un reptil?", respondió
Rashida. "No, no, no. ¿Ves estas grandes
orejas en mi cabeza?".
"¿Los reptiles no tienen orejas?",
preguntó Allison.
"No todos las tienen, no", explicó Rashida.
"Pero es difícil ver las orejas de los
reptiles que sí las tienen. Sus orejas
no sobresalen".

Allison tomó notas sobre las orejas.

Allison se encontró con la tortuga Talulah.
La vio moverse por el pantano.

"Umm", empezó Allison.

"Claro que sí, hermana", se rió Talulah. "Casi todos los reptiles tienen escamas en el cuerpo como yo".

"Me ayudan a protegerme de los depredadores. Evitan que me seque".

"¡Muy bien!", Allison gritó. "¡Encontré un reptil!".

Allison siguió a Talulah a través de las aneas. Allí vio otros reptiles de piel áspera y escamosa. Respiraban aire. Ella no vio ninguna oreja grande.

"¿Todos ustedes son reptiles?".

"*Sssseguro* que lo *ssssomos*", siseó Sissy la serpiente. "¡Y tú también!".

Allison se miró a sí misma. Tenía escamas y cola. Tenía columna vertebral y las orejas escondidas. También era un reptil.

"¡Debería haberlo sabido!", gritó Allison y sonrió.

El cuaderno de Allison

REPTILES . . .

- Utilizan los pulmones para respirar oxígeno.

- Son de sangre fría. Su temperatura corporal es la misma que la de su entorno.

- Tienen cola (¡no plumas!).

- Son vertebrados. Tienen columna vertebral.

- Nacen de huevos (la mayoría). Los huevos deben mantenerse secos y calientes.

- Tienen la piel áspera y escamosa.

- No tienen orejas grandes y visibles.

- Tienen escamas en el cuerpo.

GLOSARIO

de sangre caliente Tiene una temperatura corporal que se mantiene más o menos igual independientemente de la temperatura del aire.

de sangre fría Tiene una temperatura corporal que cambia para adaptarse a la temperatura ambiente.

escama Una de las piezas delgadas, planas y superpuestas de piel dura que cubre el cuerpo de un reptil.

oxígeno Gas incoloro en el aire que los animales necesitan para respirar.

pulmón Órgano dentro del cuerpo de un animal que le ayuda a respirar aire.

vertebrado Un animal que tiene una columna vertebral y un esqueleto de huesos dentro de su cuerpo.

AMICUS ILLUSTRATED es una publicación de Amicus Learning, un sello de Amicus
P.O. Box 227, Mankato, MN 56002
www.amicuspublishing.us

Library of Congress Cataloging-in-Publication Data
Names: Troupe, Thomas Kingsley, author. | Rotondo, Martina, illustrator.
Title: ¿Eres un reptil? / by Thomas Kingsley Troupe ; illustrated by Martina Rotondo.
Other titles: Are you a reptile? Spanish
Description: Mankato, MN : Amicus Illustrated, [2025] | Series: Clasificación de los animales | Audience: Ages 6–9 | Audience: Grades 2–3 | Summary: "When young Allison the alligator hears Marty the mouse warning his friends to run away from reptiles, Allison sets out on a mission to find out what exactly a reptile is. After interviewing other animals and learning about the characteristics of reptiles, Allison realizes that she too is a reptile! Translated into North American Spanish. Includes fact page and glossary"— Provided by publisher.
Identifiers: LCCN 2024019207 (print) | LCCN 2024019208 (ebook) | ISBN 9798892003841 (library binding) | ISBN 9798892003902 (paperback) | ISBN 9798892003964 (ebook)
Subjects: LCSH: Reptiles—Juvenile literature. | Reptiles—Classification—Juvenile literature. | Animals—Classification—Juvenile literature.
Classification: LCC QL644.2 .T76318 2025 (print) | LCC QL644.2 (ebook) | DDC 597.915--dc23/eng/20240523

Impreso en China

Editora: Rebecca Glaser
Diseñadora: Kim Pfeffer

ACERCA DEL AUTOR

Thomas Kingsley Troupe es autor de más de 200 libros para jóvenes lectores. Cuando no está escribiendo, le gusta leer, jugar a videojuegos e investigar lugares encantados con la Twin Cities Paranormal Society. Si no, probablemente esté echándose una siesta o algo así. Thomas vive en Woodbury, Minnesota, con sus dos hijos.

ACERCA DE LA ILUSTRADORA

Artista desde siempre, Martina Rotondo cursó el Máster de Ilustración y Arte Conceptual en The Sign Academy de Florencia (Italia). Actualmente trabaja como ilustradora para editoriales italianas y extranjeras. Amante del dibujo tradicional, también investiga y experimenta constantemente con nuevas técnicas para crear sus personajes y fondos surrealistas y atractivos.